DISCOURS

PRONONCÉ

A LA CÉRÉMONIE DU MARIAGE

DE

M. FERDINAND D'ARRAGON,
AVEC Mlle EUGÉNIE-LOUISE DESBORDES,

LE MARDI 30 MAI 1876, DANS L'ÉGLISE D'AVIZE.

PAR

Mgr MEIGNAN, ÉVÊQUE DE CHALONS-SUR-MARNE

CHALONS-SUR-MARNE

IMPRIMERIE T. MARTIN, PLACE DU MARCHÉ-AU-BLÉ 50

1876.

DISCOURS

PRONONCÉ

PAR Mgr MEIGNAN, ÉVÊQUE DE CHALONS,

A AVIZE, LE 30 MAI 1876.

DISCOURS

PRONONCÉ

A LA CÉRÉMONIE DU MARIAGE

DE

M. FERDINAND D'ARRAGON,
AVEC Mlle EUGÉNIE-LOUISE DESBORDES,

LE MARDI 30 MAI 1876, DANS L'ÉGLISE D'AVIZE.

PAR

Mgr MEIGNAN, ÉVÊQUE DE CHALONS-SUR-MARNE

CHALONS-SUR-MARNE

IMPRIMERIE T. MARTIN, PLACE DU MARCHÉ-AU-BLÉ, 50

1876.

DISCOURS

PRONONCÉ

A LA CÉRÉMONIE DU MARIAGE

DE

M. FERDINAND D'ARRAGON,
AVEC Mlle EUGÉNIE-LOUISE DESBORDES.

MONSIEUR ET MADEMOISELLE,

Il y a quelques années, un Evêque cherchait et trouvait, pour se reposer des fatigues et des préoccupations d'un laborieux ministère, un petit ermitage aux flancs de vos riches vallées, ceintes de vignes et couronnées de bois.

Tout près de son habitation demeurait une honorable famille qui, par sa bonne renommée, se conciliait de toutes parts les sympathies et l'estime. Bientôt d'aimables rapports s'établirent entre les voisins.

L'Evêque trouva dans cette famille, sous les dehors élégants de la vie moderne, la gravité et le charme des mœurs antiques, des principes de conduite arrêtés, des conversations à la fois sérieuses et reposantes, des rapports sûrs, et le spectacle, devenu rare, d'une famille unie, où règnent à la fois entre ses membres le respect et l'affection.

A ces traits, qui ne sont point flattés, vous reconnaissez, Monsieur, votre bien-aimée famille.

A mon arrivée à Moussy, vous sortiez de l'adolescence. Mais vos progrès rapides ont formé en vous un homme sans le secours des années, comme vos veilles studieuses ont fait de vous un avocat sans le secours des écoles; et, à un âge où d'autres sont encore trop jeunes pour s'établir, il convenait pour vous, qui étiez déjà mûr, de songer au mariage.

Votre famille a donc cherché une alliance digne d'elle.

Non loin de vous florissait, dans les habitudes du travail intelligent qui crée, de l'ordre qui utilise et féconde, de l'économie qui conserve et multiplie, une autre famille qui semblait à bien des égards le reflet et comme le portrait de la vôtre. Un père, une mère voyaient croître sous leurs yeux une fleur qu'ils cultivaient avec amour : cette fleur de jeunesse et de vertu, c'est la fiancée que le Ciel destinait pour être la compagne de votre vie.

Je viens ici pour cimenter devant l'autel de Dieu l'alliance des deux familles et bénir le mariage de leurs heureux enfants.

Je ne surprendrai personne en disant que les conditions dans lesquelles se contracte cette union sont exceptionnelles et privilégiées. Aux avantages de la jeunesse, les deux époux joignent ceux de la convenance réciproque des familles satisfaites, et, de plus, les légitimes espérances d'une grande fortune.

Les yeux aiment à se reposer sur deux jeunes fiancés dont le cœur entièrement neuf bat pour la première fois sous l'émotion chrétienne d'une affection charmante et d'un sentiment qui a toute la douceur de l'amour sans en connaître le trouble et les orages. Moins heureux mille fois les fiancés ne se présentant à l'autel qu'après avoir bu à la coupe amère des illusions et des désenchantements, et n'offrant à nos bénédictions matrimoniales que des âmes déjà fatiguées ! Jeunes époux, vous apportez ici à Dieu, comme un pur encens, le parfum d'un premier amour.

Vos familles, heureuses d'un choix qu'elles ont fait peut-être avant vous, mais en tout cas avec vous, ajoutent à votre bonheur; car vous savez que vous satisfaites aujourd'hui leur ardents désirs, et que vous réalisez les souhaits de toute leur vie. C'est avec des yeux humides des larmes du bonheur qu'ils vous contemplent en ce moment, vous pour qui ils ont si longtemps veillé, travaillé et prié. Votre heureux mariage va embellir et enchanter leur vie.

Il ne nous appartient point à nous, prêtres d'un Dieu pauvre, de vanter la fortune. Cependant, il est bon peut-être de dire que nos saintes Ecritures la considèrent souvent comme une bénédiction et une récompense du Ciel. Quand l'origine de la richesse est pure et que son usage est bon, elle donne un incontestable relief et un champ plus vaste à la vertu.

Mais, de même qu'un riche encadrement demande une belle toile, de même fortune, ainsi que noblesse, oblige.

Ils étaient riches les patriarches loués par l'Ecriture : Job, grand propriétaire de troupeaux ; Abraham, dont les nombreux serviteurs se transformaient au besoin en petite armée ; Jacob emportant, sans l'appauvrir, sa part des trésors agricoles de son oncle et beau-père Laban.

Mais, ne l'oublions pas, la plus belle richesse des patriarches ne consistait ni dans leurs troupeaux, ni dans de gras paturages, ni dans le nombre de leurs serviteurs ; leur plus belle richesse, c'était leurs grandes et nombreuses familles, leurs fils, leurs filles élevés dans les antiques traditions de la religion, du respect et de la discipline ; leur plus belle richesse, sachons-le bien, fut surtout les vertus dont ils léguèrent l'héritage à leurs enfants et l'immortel exemple au genre humain tout entier.

Et vous aussi, Monsieur et Mademoiselle, dans l'encadrement d'une vie fortunée, vous placerez la vertu : vous y mettrez l'honneur d'une conduite sans reproches, le mérite des services rendus, le sacrifice, le dévouement à la famille, à la patrie, à Dieu. Vous ne connaîtrez ni le poids, ni la responsabilité d'une vie à la fois opulente, oisive et stérile.

La religion, sans laquelle la bonne volonté manque de ressort et de durée, affermira vos pas dans la voie de travail et d'honneur où vous entrez : nous en avons la douce confiance, vous marcherez à sa lumière, et l'Evangile sera votre guide au milieu du labyrinthe obscur de notre époque troublée.

Je ne ferais, Monsieur, que traduire vos convictions chrétiennes, en disant que si les principes supérieurs de la religion viennent à lui faire défaut, l'homme, ne lui manquât-t-il que cela, reste fort incomplet, sans boussole pour se diriger, sans fermeté dans la vertu, sans bouclier contre les passions qui dégradent, sans consolations efficaces dans le malheur, sans espérances audelà de cette vie, pourquoi l'oublions-nous ? toujours hélas ! si courte et si fragile.

N'est-ce pas d'ailleurs dans la sphère supérieure des croyances chrétiennes, dans la pratique du bien religieusement compris, que se trouvent, même ici-bas, les meilleures garanties du bonheur ?

Sans doute, le jour où deux âmes se jurent devant Dieu, dans la sincérité de leur cœur, une affection immortelle, le Ciel, à leurs yeux inexpérimentés et ravis, semble pur et sans nuage, l'avenir se dore pour eux des rayons du bonheur et de l'espérance ; mais, hélas ! qui sait le secret de l'avenir ? qui peut dire les destinées d'une vie à son début ? Nous avons trop d'expérience des choses humaines pour ne pas dire avec Bossuet :

« La santé n'est qu'un nom, la vie n'est
» qu'un songe, la gloire n'est qu'une appa-
» rence, les grâces et les plaisirs ne sont
» qu'un dangereux amusement ; tout est
» vain en nous, excepté le sincère aveu que
» nous faisons devant Dieu de notre vanité. »

Voulez-vous du moins vous mettre à l'abri des dangers qui compromettent le plus souvent ici-bas la paix des cœurs, la sérénité des âmes? Soyez religieux, craignez Dieu, observez sa loi sainte. Dans un temps de défection religieuse, d'incrédulité banale et épidémique, soyez chrétiens. Au doute ignorant opposez des convictions solides, fruit d'une réflexion tranquille, de la prière et de l'étude. Les familles, comme les sociétés, ne voient leur sécurité et leur bonheur irrémédiablement atteints que par l'absence de la religion, loi fondamentale des sociétés, institution divine, condition primordiale de la discipline du foyer domestique et de la paix des Etats.

Epoux, aimez votre épouse comme Jésus-Christ a aimé son Eglise. — Une tendre mère a élevé elle-même et presque seule cette modeste jeune fille ; elle lui a prodigué les soins d'un amour inquiet et vigilant. Elle a déposé dans son cœur le précieux germe de toutes les vertus. — Un père, en se séparant d'elle, comprend qu'il donne son meilleur trésor. L'un et l'autre vont ressentir douloureusement son absence au foyer attristé.

Tous deux enfin la confient à votre religion et à votre honneur.

Epouse, à votre tour, aimez votre époux comme l'Eglise a aimé Jésus-Christ. — Le compagnon de votre vie en sera le protecteur fidèle. Son père est issu d'une des bonnes familles chrétiennes de Picardie, et son aïeul[1] a eu l'honneur de résister, à la fin du dernier siècle, aux mauvaises passions, filles de nos révolutions ; et sans la chute honteuse et mille fois méritée de Robespierre, les d'Arragon eussent ajouté un nom de plus aux infortunées et nobles victimes de la Terreur.

Le père a élevé son fils dans les principes

---

[1]M. Adrien d'Arragon, emprisonné en haine de la religion, à Châlons, eut pour compagnon de captivité le vénérable M. Camiat ancien curé d'Épernay, de sainte et populaire mémoire. Condamné à mort par le tribunal révolutionnaire, il fut dirigé sur Paris pour y être exécuté. Mais, pendant le trajet, arriva la nouvelle de la mort de Robespierre : c'est à cet événement qu'il dut son salut et sa délivrance.

de ses aïeux. La mère de votre époux lui a donné cette fleur de délicatesse, cette suavité de tendresse chrétienne et fidèle qui sera désormais votre gloire et votre sécurité.

N'oubliez jamais, de votre côté, Mademoiselle, que la vertu vaut une couronne et l'emporte sur tous les succès. Votre cœur si bon, votre humeur si douce feront sans effort le bonheur de l'heureux compagnon de votre vie.

Ah ! si le jour des épreuves et des douleurs arrive pour vous, et il arrivera, hélas ! comme il arrive pour tous, puisse, et ce sera mon dernier vœu, la religion vous prêter sa force ! Puisse Dieu vous donner le courage tranquille qui soutient le choc des épreuves de la vie !

Soyez l'un pour l'autre deux arbres que Dieu a fait naître ensemble et sur le même sol. L'orage déracinerait peut-être l'arbre qui croît solitaire au milieu du désert, mais il n'ébranlera pas ceux qui, sous l'œil de Dieu, résistent ensemble, entrelaçant leurs racines, mêlant leurs ombrages et leurs rameaux.

Que Dieu donc daigne répandre par nos mains ses plus abondantes bénédictions sur ces deux jeunes époux ; qu'il comble cette union des prospérités d'ici-bas et des faveurs du Ciel !

Tel est l'objet des vœux émus de toute cette assemblée ; tel sera l'objet des ardentes prières qui vont s'élever ici de tous les cœurs.

Châlons, imp T. Martin.

www.ingramcontent.com/pod-product-compliance
Lightning Source LLC
LaVergne TN
LVHW050257030726
842520LV00006B/2439